COMPÉTEN MATIÈRE DE PRISE DE DÉCISION POUR LES GESTIONNAIRES

Compétences en matière de prise de décision pour les gestionnaires

Série " Compétences en gestion pour les gestionnaires "
Par : D.K. Hawkins
Version 1.1 ~Janvier 2022
Publié par D.K. Hawkins sur KDP
Copyright ©2021 par D.K. Hawkins. Tous droits réservés.

TABLE DES MATIÈRES

INTRODUCTION.

La prise de décision est un talent administratif important. Les capacités de gestion sont nécessaires tant au sein d'une entreprise que dans les postes de direction. Elles contribuent à la réalisation des objectifs de l'organisation et permettent d'optimiser le potentiel de chaque employé.

Les dirigeants doivent être des décideurs, et leur succès doit être mesuré en fonction des résolutions qu'ils génèrent. Par conséquent, un leader/gestionnaire doit comprendre quand et comment faire les choix appropriés.

Néanmoins, tout le monde n'ose pas choisir par peur de la déception. Nombreux sont ceux qui préfèrent suivre les directives de leurs supérieurs afin de ne pas être tenus pour responsables si quelque chose ne va pas dans les jugements qu'ils portent.

Avant de prendre une décision, il convient de procéder à une enquête et à une évaluation. Lorsque les choses sont correctement examinées, la réalisation des objectifs de l'entreprise n'est pas une possibilité lointaine. Avec une planification et une réflexion minutieuses, de la volonté, de la communication, une gestion du temps et une prise de décision, tout est possible.

Avant qu'un patron ne prenne une décision finale, il faut reconnaître l'existence d'un plan clair, exposant les principes directeurs, les contraintes et les directives. Ces types de directives aideront la plupart des gens à prendre une décision éclairée et opportune.

Les choix retenus sont alors fiables et indéfectibles tout au long du processus. L'homme ou la femme occupant le poste le plus bas dans l'entreprise comprendra peut-être parfaitement les choix et les conclusions auxquels sont parvenus les responsables.

Il leur sera conseillé de participer aux activités et à l'avancement du groupe. Les superviseurs n'auront plus de réserves à formuler des jugements lorsqu'ils utilisent une technique spécifique. Ils n'ont besoin que d'un guide et, grâce à celui-ci, ils se sentiront plus à l'aise pour faire face aux difficultés organisationnelles.

Ils ne se sentiront plus mal à l'aise pour prendre des risques car ils pourront toujours prétendre que les informations semblaient incorrectes si leur décision est négative. Les capacités managériales, en particulier les capacités de prise de décision, peuvent faire ou défaire une entreprise.

Les cadres accordent généralement une grande importance à la prise de décision, car une seule gaffe peut dévaster l'entreprise et son personnel en un instant. Par conséquent, ils doivent éviter de prendre des décisions alors qu'ils n'ont pas les idées claires ou qu'ils sont émotionnellement bouleversés.

Ils doivent éviter autant que possible de prendre des décisions irréfléchies, car elles peuvent être incorrectes et entraîner des problèmes. Les décisions erronées font que l'organisation n'atteint pas ses objectifs.

L'incapacité à atteindre les objectifs de l'entreprise entraîne la perte d'actifs précieux tels que le temps, l'argent, les factures de l'entreprise et la main-d'œuvre. Les mauvais choix peuvent être évités si toutes les informations sont rassemblées, si une analyse est lancée et si d'autres personnes sont invitées à donner leur point de vue sur la question.

Les managers doivent également se familiariser avec les deux stratégies de prise de décision décrites par l'industrie du management. Il s'agit de l'approche "Plus-Moins-Intérêt" et de l'analyse coûts-avantages. Ces stratégies nécessitent de peser les avantages et les inconvénients et de s'appuyer sur des faits quantitatifs pour conclure. Les superviseurs seront en mesure de faire des choix grâce à de telles directives.

La prise de décision est une compétence managériale importante, principalement parce qu'elle nécessite l'exécution éventuelle d'une stratégie bien pensée. Les capacités de leadership d'un manager et la solidité de ses décisions aideront l'organisation à atteindre ses buts et objectifs.

Bonne lecture.

CHAPITRE 1
L'ART DE LA DÉCISION.

La prise de décision est importante dans le management, et il est important de prendre les bonnes décisions. Chaque manager doit s'efforcer d'améliorer ses capacités de prise de décision.

Faire des choix implique de se confronter à un dilemme tel que "être ou ne pas être", c'est-à-dire être ou ne pas être la personne que l'on veut être. Les managers sont constamment visibles sur la plate-forme, où ils doivent prendre des décisions importantes qui, en fin de compte, façonnent, orientent et dirigent notre destin.

La prise de décision est souvent désignée comme l'économie de la pensée. Dans un article de Business Week, Chris Corrigan a cité ceci : "Je crois que le rôle le plus important d'un PDG est de définir l'orientation de l'entreprise pour les cinq prochaines années environ. Vous pouvez prévoir le climat des affaires sur une longue période, et pas seulement sur les quelques mois à venir.

Vous devez être capable d'établir une direction générale tout en prenant simultanément des décisions spécifiques le long du parcours afin de vous assurer que la direction générale se déroule correctement "'. Notre esprit est important dans la prise de décision, car il est au cœur de tout processus décisionnel.

Pour parvenir à une conclusion éclairée et efficace, il faut rester concentré sur la question pendant une période prolongée. Une meilleure prise de décision est le résultat d'une bonne coordination de l'esprit et du corps. Une meilleure connaissance de l'esprit peut conduire à repenser ce qui doit être enseigné et appris.

La vision de chacun devrait améliorer les capacités de leadership et de prise de décision des cadres des entreprises et des gouvernements du monde entier. De nombreuses universités MBA de haut niveau, comme l'Asia-Pacific Institute of Management et pratiquement toutes les écoles de commerce en Inde qui proposent des programmes PGDM, sensibilisent les futurs managers à ces préoccupations commerciales essentielles par le biais de jeux de gestion, de simulations, de jeux de rôle et de situations extemporanées.

Ces tâches exposent les étudiants à une multitude de données commerciales du monde réel. L'important est de leur apprendre à analyser des situations critiques et à concevoir des réponses efficaces.

Les décisions doivent être rationnelles, ce qui implique qu'elles doivent être raisonnables et suivre un chemin logique depuis l'identification du problème jusqu'à la solution. Un proverbe bien connu dit : "Si tu ne sais pas où tu vas, la direction que tu prends n'a pas d'importance."

Tout processus décisionnel repose sur une base de planification. Elle permet une prise de décision beaucoup plus analytique et fluide. Mieux encore, la planification facilite la prise de décision en fixant les lignes directrices et les objectifs de la décision.

Les managers sont censés se poser périodiquement ces questions :

Pourquoi avons-nous précédemment négligé les défauts et les attitudes erronées ?

Comment peut-on remédier à ces inconvénients ?

Que peut-on faire pour garantir la mise en œuvre de stratégies de gestion saines, quelles que soient les conditions économiques ?

Comment l'analyse coûts-avantages est-elle calculée ?

Comment modifier les principes et les pratiques pour que l'ensemble de l'organisation s'efforce d'éliminer le gaspillage et de maximiser l'efficacité ?

Qui doit être impliqué dans ce processus de décision ?

Les managers qui réussissent sont conscients des étapes qu'un choix doit franchir pour être efficace.

Au fur et à mesure que les individus avancent, leur demande de temps et d'influence augmente, et le désir d'exploiter le pouvoir positionnel pour atteindre les objectifs augmente. De manière positive, en utilisant ces questions, vous pouvez éviter de faire des erreurs qui entraînent de mauvaises décisions et prendre au contraire des décisions judicieuses.

Les gestionnaires efficaces sont constamment mis au défi de prendre diverses décisions, qu'elles soient importantes ou mineures. Pour réussir, une entreprise doit être capable de résoudre des problèmes et de porter des jugements en permanence.

Il est essentiel de hiérarchiser les défis et les problèmes en fonction de leur impact potentiel sur l'organisation. Ceux qui ont le plus d'influence doivent être traités en premier, et toutes les questions doivent être examinées systématiquement avant de faire un choix.

Un manager doit résister aux conclusions hâtives, car une première impression n'est qu'un instantané d'un scénario et ne reflète pas toujours l'image complète. La collecte d'informations auprès de sources multiples afin de minimiser les préjugés est fortement encouragée, tout comme l'examen approfondi de tous les faits pertinents (et vérifiés) avant de formuler une conclusion.

Toutefois, la collecte de données pour avoir une vue d'ensemble de la situation n'est que la première étape. Une fois les informations réunies, il est prudent de procéder à un remue-méninges pour trouver des solutions et des alternatives réalisables afin d'obtenir différentes perspectives. Ces solutions peuvent d'abord avoir une portée générale, puis être affinées pour répondre à l'ampleur du problème.

Après avoir identifié un ensemble de possibilités et de solutions, des consultations avec d'autres personnes devraient permettre de solliciter des avis et des suggestions sur ces solutions et alternatives. En général, les décisions de groupe (en particulier lorsque le groupe comprend des personnes sur lesquelles la décision finale aura un impact) sont préférées aux décisions individuelles car elles font appel à un réservoir de connaissances, de compétences et d'expérience.

Ensuite, des outils, des techniques et des méthodologies d'analyse (tels que l'analyse de comparaison par paires, l'analyse de Pareto, les six chapeaux de la pensée, la grille d'analyse, le PMI, l'étoilement et les arbres de décision) peuvent être utilisés. Bien que ces méthodes ne soient pas concluantes, elles fournissent une approche plus objective et scientifique de la prise de décision.

Elles sont particulièrement efficaces lorsque les décideurs risquent d'être entachés par une implication trop intime dans le sujet en question. Vient ensuite le moment d'examiner les avantages et les inconvénients d'une certaine ligne de conduite.

Quel choix ou quelle solution apporte le plus à l'entreprise tout en lui enlevant le moins ? Peu d'options seront aussi simples que celle-ci, sans conséquences. Cependant, les aspects négatifs sont acceptables tant que les avantages les dépassent suffisamment.

CHAPITRE 2
RÉSOUDRE DES PROBLÈMES ET PRENDRE DES DÉCISIONS.

"Décision" ou "prise de décision" est l'un des plus anciens termes associés à la civilisation humaine. Depuis des temps immémoriaux, l'humanité a pris des décisions, même si elle ignorait que le processus était conscient et impliquait de nombreuses considérations et jugements. Même le vieil homme des cavernes a fait des choix scientifiques lorsqu'il a conçu certaines méthodes de planification des repas.

Au fil du temps, le raisonnement de l'esprit humain est devenu plus ordonné, et les gens ont commencé à chercher des preuves avant de porter des jugements. Le processus de raisonnement est devenu plus logique, plus empirique, et a cherché à agir au-delà de la portée des seules investigations empiriques.

Aujourd'hui, peut-être plus que jamais, nous parlons de choix, car le monde est à l'aube de nombreux changements socio-économiques et politiques. Cependant, un choix ou un plan d'action qui se transforme en décision ne s'adresse pas à un large public ou a de nombreuses ramifications économiques, financières et politiques.

Il peut s'agir d'une décision très personnelle, comme le choix d'une marque spécifique ou l'exercice d'une profession particulière. Même si les gourous du management parlent de "prise de décision efficace" et d'"amélioration des compétences décisionnelles de leurs employés", l'élément humain de tout processus ne peut être négligé.

Signes que vous êtes un mauvais décideur.

De nombreux dirigeants de petites, moyennes et grandes entreprises doivent constamment prendre des décisions importantes et les mener à bien.

Cependant, ces dirigeants sont totalement indécis et font peu de choix sûrs, ce qui met en péril de nombreuses questions importantes.

Pour être un leader ou quelqu'un que les autres admirent, vous devez posséder de solides capacités de prise de décision. Malgré les progrès réalisés ces dernières années en matière de formation et de soutien à la gestion d'entreprise, il est encore étonnant de voir de nombreuses personnes incapables de prendre des décisions.

En effet, de nombreuses personnes ont recours à des tactiques dilatoires pour éviter un processus aussi important dans la gestion d'une entreprise, comme accumuler des informations supplémentaires provenant d'autres sources, faire semblant d'être préoccupé par d'autres questions urgentes et s'inquiéter des conséquences des choix à faire.

Si vous occupez un poste de direction dans votre organisation, on vous demandera de prendre des décisions qui auront un impact sur le déroulement des choses à l'intérieur, et il se peut que vous ne soyez pas à la hauteur de la tâche. Voici quelques indicateurs d'un mauvais décideur :

1 : Il n'y a jamais assez de temps. Certaines personnes utilisent cette excuse pour prolonger le processus de décision. Elles semblent bourrer leur emploi du temps de diverses priorités qui les détournent complètement de la vue d'ensemble.

2 : Il y a un manque de données. Lorsque vous prenez une décision, vous devez obtenir autant d'informations que possible sur la priorité au sein de votre organisation qui peut tout affecter. Il est normal que vous obteniez un maximum de commentaires de vos collègues et que vous fassiez des recherches sur des faits importants afin d'obtenir les meilleurs résultats.

3 : Vos options sont limitées. Lorsque l'on vous confie la responsabilité de quelque chose d'important, on attend de vous que vous génériez diverses solutions viables, qui auront une incidence sur le déroulement des choses. D'un autre côté, si vous affirmez que vos

possibilités sont limitées, vous ne cherchez tout simplement pas assez.

4 : Vous ne pesez pas toutes vos options. Parfois, vous avez cette mentalité de "nous sommes arrivés jusqu'ici", et la pression du temps qui passe vous pousse à limiter sévèrement vos alternatives. Lorsque vous portez un jugement, il est toujours préférable de garder l'esprit ouvert et de déterminer tous les autres facteurs à prendre en compte.

5 : Vous n'êtes pas du tout méthodique. Prendre une décision implique d'évaluer différents points, notamment ce que vos collègues peuvent ressentir, l'effet probable sur l'ensemble de votre organisation et tout autre domaine susceptible d'être touché. Ne pas adopter une approche systématique au lieu de tout laisser au hasard est un indice que vous n'êtes pas fait pour occuper ce poste d'autorité.

La science de la prise de décision ne peut être comprise sans définir d'abord ce qu'est une décision, les caractéristiques qui rendent une décision "efficace" et les répercussions d'une "mauvaise décision".

Lorsque vous faites un choix, vous prenez une décision. Lorsque vous concluez, vous prenez également une décision. Cependant, la prise de décision n'est pas aussi simple. Il s'agit d'un processus tridimensionnel. Ces trois éléments ajoutent à la fascination et à l'intérêt du processus de décision.

- La dimension psychologique : Les décisions ne se suffisent pas à elles-mêmes. Elles doivent toujours être envisagées à partir des besoins humains, des valeurs, de la culture, des affaires et de l'environnement.

- La dimension cognitive : Aucun choix n'est irréversible. Étant donné que les demandes changent constamment, la prise de décision peut être considérée comme un cycle continu, sans fin et dynamique. Après une période donnée, les besoins en constante évolution d'une entreprise remettent en question l'intégrité de certains jugements.

- Dimension logique : Les décisions peuvent être entièrement rationnelles et logiques ou irrationnelles. Toutefois, un processus décisionnel scientifique axé sur des choix éclairés exige une approche logique et rationnelle plutôt qu'une approche émotionnelle et irrationnelle.

Les managers doivent posséder divers talents, mais parmi les plus importants figurent la résolution de problèmes et la prise de décision. Il s'agit d'un talent important pour les managers et les dirigeants car ils sont responsables en dernier ressort de la prise de décisions dans l'entreprise. En outre, la résolution de problèmes et la prise de décision sont considérées comme deux des talents les plus difficiles à apprendre dans le monde des affaires.

-Définir et analyser le problème : Des problèmes, des désaccords et des malentendus surgissent quotidiennement sur le lieu de travail. Avant de décider comment aborder un problème, nous devons d'abord le comprendre, le caractériser et le reconnaître. Une fois le problème établi, nous devons en rechercher les sources : qui sont les personnes concernées ?

-Recherchez une solution : Une erreur courante des managers et des dirigeants lorsqu'ils résolvent un problème est de le régler immédiatement sans réfléchir en profondeur et sans envisager toutes les solutions et alternatives possibles. Les problèmes ne doivent pas être résolus brusquement et sans réflexion, surtout s'ils sont extrêmement difficiles.

Il existe de nombreuses stratégies pour résoudre les problèmes, notamment les suivantes :

Le brainstorming : Collaborez avec vos pairs pour trouver des idées pour résoudre le problème. Envisagez d'autres approches pour résoudre les problèmes énoncés. Vous devez également écouter et prendre en compte ce que disent vos coéquipiers. Négociez et faites des concessions pour résoudre le problème rapidement.

Analyse SWOT : L'analyse SWOT est l'une des approches de résolution de problèmes les plus souvent utilisées. Elle consiste à prendre conscience de ses forces, de ses faiblesses, de ses opportunités et de ses tactiques. Elle sert de cadre ou de guide aux gestionnaires, aux dirigeants et aux membres de l'équipe pour percevoir clairement ou gérer efficacement la situation.

Avantages et inconvénients : Chaque solution présente des avantages et des inconvénients. Il peut être utile de dresser une liste des avantages et des inconvénients de la résolution du problème. Elle peut aider à peser les différentes alternatives et leurs avantages associés, contribuant ainsi à une résolution plus efficace du problème.

- Déterminer la stratégie la plus efficace pour résoudre le problème : C'est ici que la prise de décision entre en jeu. Choisissez la solution ou l'alternative la plus appropriée à votre situation.

Décidez d'un plan d'action et engagez-vous à le suivre. Après avoir traité tous les problèmes, il est important de maintenir et de surveiller les perspectives. Assurez-vous que tout fonctionne normalement et que le problème a été complètement réglé.

Les défis et les désaccords que vous résolvez et les décisions que vous prenez peuvent avoir un impact considérable sur la croissance, le processus et le développement global de votre entreprise.

CHAPITRE 3
PRENDRE DES DÉCISIONS EN PÉRIODE DE TURBULENCE.

En raison de divers facteurs tels que l'évolution des marchés, les progrès technologiques et les événements socioculturels, des décisions difficiles nous obligent à délibérer - et c'est là que le bât blesse : de nombreux employés et dirigeants d'entreprise craignent d'assumer un rôle de leader par peur de prendre la mauvaise décision.

Pourquoi la prise de décision en entreprise est-elle si stressante ?

Lorsque les décisions ne changent pas la vie, elles sont simples à prendre. Cependant, chaque décision comporte des avantages et des conséquences au niveau de l'entreprise. Si certains dirigeants peuvent trouver la prise de décision attrayante, d'autres peuvent vouloir passer le relais pour éviter leurs obligations dans la plupart des circonstances. Dès lors, comment parvenir à une décision lorsque personne n'est prêt à accepter la responsabilité ?

Le caractère décisif d'une "décision".

Un seul choix peut faire ou défaire une organisation. Qu'il s'agisse de réductions d'impôts ou de grèves syndicales, d'augmentations de salaire ou de pertes budgétaires, de licenciements abusifs ou de poursuites judiciaires, la prise de décision par les dirigeants en période de tempête est une tâche importante qui incombe généralement aux propriétaires d'entreprises, aux directeurs des ressources humaines et aux professionnels de la conformité.

Un facteur important est le manque de formation au leadership. Très peu de lieux de travail offrent une formation au leadership à leurs employés. Le problème principal est que la plupart des managers et de leurs supérieurs sont tellement absorbés par leurs responsabilités opérationnelles qu'ils se retrouvent piégés dans une ornière, ce qui limite leur capacité à exercer un leadership.

Lorsque le glaive finit par planer au-dessus de leur tête, l'anxiété prend le dessus, et ce stress extrême est la cause première de leur état physique et psychologique ravagé.

Les heures supplémentaires sont un autre allié dans ce malheur ; elles les privent de temps pour les interactions personnelles, ce qui nuit à la productivité. Même dans votre bureau, vous pouvez observer des employés faire des choix rapides et souvent incorrects ou délibérer sur des options apparemment simples.

Comment surmonter ce dysfonctionnement ?

Chaque individu possède un potentiel de leadership inné ; il ne reste plus qu'à l'exploiter. Le manque de leadership peut être attribué à divers facteurs, notamment à des personnes qui prennent beaucoup de temps, à l'attitude des gestionnaires à l'égard de leur personnel et au désir de rester dans sa zone de confort. Tout cela est soluble !

Programmes de leadership : Les gens évitent souvent de prendre des décisions par peur d'être contraints à une situation houleuse - c'est tout simplement la nature humaine. Les êtres humains ont également tendance à remettre en question leurs décisions, en se demandant si elles étaient bonnes. C'est là que la formation au leadership, les initiatives d'inclusion et les recherches de talents peuvent aider à résoudre le problème de la pénurie de compétences en leadership.

Contester ouvertement les faits : La technique la plus efficace pour résoudre un problème de mathématiques est de le résoudre. En posant des questions, en résolvant les problèmes et en examinant les avantages et les inconvénients, vous pouvez accélérer le processus de prise de décision tout en inculquant le concept selon lequel la sagesse d'une décision n'est pas déterminée par un choix mais par le tact et une conduite responsable.

Participation active : Une bataille se gagne sur les lignes de front, pas dans votre zone de confort. Si vous souhaitez améliorer vos compétences en matière de leadership au travail, il est nécessaire de prendre votre travail au sérieux, même si le problème peut sembler insignifiant. De même, si vous faites preuve d'un manque d'intérêt pour le sujet en question, il y a de fortes chances pour que quelqu'un d'autre prenne la cerise sur le gâteau et s'attribue le mérite de la décision.

Groupe consultatif : La critique remet en question la crédibilité d'une personne, ce qui est important lorsque l'on prend des décisions très médiatisées. Un panel ou un conseil consultatif écartera toujours les points discutables. Une recommandation de cette nature vous aidera à obtenir des informations concrètes, qui aboutiront à la naissance d'une décision.

Que faire lorsqu'un "leader" est incapable de prendre une décision ?

Les leaders ne sont pas toujours compétents pour prendre des décisions ! Une prise de décision efficace n'est pas synonyme de leadership. Les leaders peuvent être aussi bien bons que mauvais, mais leurs actions ne peuvent pas être préjudiciables à la survie de l'entreprise. Si votre dirigeant est incapable de faire des jugements "à la volée", c'est à vous de l'aider à atteindre le sommet.

Si vous êtes le leader, décidez après avoir évalué les avantages et les inconvénients. Si vos décisions ont des conséquences inattendues, des procédures arbitraires détermineront ce qui n'a pas fonctionné, mais au moins, vous avez tenu bon.

Si vous avez l'habitude de changer continuellement d'avis, votre personnel ne prendra jamais au sérieux vos capacités de décision. N'oubliez pas que vous êtes responsable de deux images distinctes : la vôtre et celle de votre cabinet.

Les décisions ne sont pas toujours faciles à prendre ; le gagne-pain de nombreuses personnes est en jeu, ce qui les rend plus difficiles. Cependant, l'incapacité d'un dirigeant à décider est le poison ultime qui le mine et le défait. Pour éviter de faire partie du problème, vous devenez réfractaire à la prise de décision et êtes perçu comme un employé "bon à rien".

Je vous recommande d'adhérer à l'approche de l'épreuve décisive - maximisez vos occasions de prendre des décisions et observez comment elles se déroulent. Travaillez toujours en équipe et gardez à l'esprit que vous n'êtes pas tenu de conclure seul.

Les entreprises sont à plusieurs niveaux dans ce but précis - pour créer un réseau de partisans qui peuvent aider à faire avancer l'ensemble de l'entreprise. Par conséquent, prenez des risques, élargissez vos connaissances et croyez en vous.

CHAPITRE 4
PRISE DE DÉCISION EFFICACE ET NETTOYAGE DE LA LANGUE.

Avez-vous déjà fait partie d'un grand rassemblement pour prendre une décision ? La discussion commence, et après quelques minutes, vous commencez à vous demander si tout le monde discute de la même chose.

Bien que certains des mêmes termes soient employés, leurs significations ne semblent pas correspondre ou avoir un sens. Les gens commencent à adopter des positions, mais il semble qu'ils discutent de sujets sans rapport entre eux.

Il n'y a aucune raison de se sentir seul. Bien que le manque de clarté du langage soit fréquent, il peut avoir de graves conséquences en termes d'erreurs de choix et d'opportunités gâchées.

Vous avez besoin d'un test rapide ?

Effectuez une recherche du terme "architecte" dans certains de vos dictionnaires en ligne préférés. Au cours de ma recherche, j'ai découvert ce qui suit, qui n'est pas une liste exhaustive :

Une personne qui supervise et conçoit la construction de bâtiments.

Une personne qui est responsable de la conception ou de la réalisation d'un objet.

Un créateur ou un inventeur est une personne qui fabrique ou invente quelque chose.

Une personne qui est responsable de l'accomplissement d'une stratégie ou d'un objectif spécifique.

Le concepteur de la structure d'un système ou d'un programme informatique.

Toujours pressé, le PDG écrit un bref e-mail à son personnel pour l'informer : "Nous sommes en train de choisir un architecte pour notre projet essentiel. Apportez votre liste de présélection des meilleurs candidats pour que nous puissions les analyser et prendre une décision." Que se passe-t-il ?

Dans le pire des cas, le responsable de l'ingénierie apporte sa liste des meilleurs ingénieurs système, le responsable des opérations apporte sa liste des meilleurs chefs de projet, le responsable des installations apporte une liste de cabinets d'architecture et de génie civil externes et le responsable des logiciels apporte sa liste des meilleurs architectes de logiciels.

La situation la plus probable est que les employés répondent par des demandes de clarification. Ce manque de clarté entraîne une duplication des efforts et, au final, une baisse de productivité pour toutes les parties concernées.

Plus la décision est difficile, plus la clarté et la spécificité sont nécessaires.

Bien que l'exemple de l'architecte soit exagéré, les entreprises sont structurées autour de domaines d'expertise spécialisés afin de maximiser l'efficacité. Pour ce faire, elles utilisent un langage commun et des distinctions qui ne sont pas facilement évidentes ou compréhensibles pour les personnes extérieures à l'organisation.

Si certaines de ces distinctions ne sont pas clairement reconnues, les décisions interfonctionnelles peuvent devenir inefficaces pendant le processus décisionnel, pendant la mise en œuvre, ou les deux. Par conséquent, il est important de construire et de saisir un langage commun, en particulier dans le cadrage des décisions.

Si certains mots peuvent avoir des significations communes supplémentaires, le fait de fournir un contexte et des définitions précises permet aux autres de comprendre leur but dans le contexte du choix qui est pris ou mis en œuvre.

En outre, il y a certains avantages à interpréter correctement le langage.

Une compréhension commune est importante pour une prise de décision efficace, et il est incroyable de constater le peu de travail que l'on consacre à la bonne compréhension. Cela peut devenir plus difficile dans une entreprise et un marché mondiaux, car vous devez vous efforcer de surmonter les obstacles culturels et linguistiques.

Toutefois, la diversité accrue peut contribuer à renforcer les distinctions établies, car elles seront plus pertinentes et évidentes pour une population plus large.

De nombreux secteurs peuvent bénéficier d'un langage clair dans le processus décisionnel, notamment les suivants :

La définition de la portée de la décision élimine le langage peu clair et garantit que tous comprennent le contexte de la décision. Cela stimule la productivité et l'efficacité de l'équipe en garantissant que tout le monde travaille sur la même décision.

Chaque décision doit être fondée sur des critères bien définis afin que chacun comprenne ce qu'il faut pour réussir et être efficace. Les critères sans ambiguïté vous dirigeront vers les données de mesure nécessaires pour compléter l'analyse de la décision dans le meilleur des cas.

Des alternatives définies permettent de déterminer ce qui constitue une option viable et ce qui ne l'est pas. Cela permet d'éviter de former des hypothèses sur les avantages d'une option qui pourraient induire en erreur l'analyse et entraîner une sélection erronée.

Ce qui a été choisi et pourquoi il a été déterminé doit être documenté au moment de la décision. Cela évite de perdre de vue le "pourquoi" de la décision, limitant ainsi les spéculations ou les malentendus, qui conduisent souvent les gens à fabriquer de fausses justifications pour leurs actions.

Des conséquences claires et explicites favorisent la communication des répercussions et l'alignement organisationnel autour de l'exécution.

Des risques distincts et non ambigus permettent d'élaborer des stratégies d'atténuation efficaces.

Développer votre capacité à prendre des décisions

Le développement d'un ensemble précis de différences linguistiques est une composante importante du développement des compétences dans toute discipline et de la prise de décision. L'utilisation cohérente de la terminologie, la définition de termes pouvant prêter à confusion et le raffinement du langage utilisé lors de la prise de décision vous aideront à améliorer votre capacité à prendre des décisions.

Le temps consacré à cette tâche compensera le temps économisé dans la rotation des décisions et l'amélioration de l'exécution. Gardez à l'esprit qu'un manque de clarté entraîne une baisse de la production.

CHAPITRE 5
QUEL RÔLE JOUE LE BON JUGEMENT DANS LA PRISE DE DÉCISION?

Les managers qui cherchent à développer la confiance et le lien avec leur personnel doivent avoir de solides capacités de prise de décision qui se traduisent par des jugements et des évaluations constamment justes et éthiques.

Les managers dont les actions et les jugements sont constamment justes et judicieux verront leur efficacité et leur fiabilité s'accroître. Les clients et les employés apprendront qu'ils peuvent compter sur la direction pour porter des jugements et des évaluations judicieux, même s'ils sont difficiles ou impopulaires.

Lorsque les subordonnés croient que les jugements de leur manager sont solides, la confiance est renforcée. La réputation personnelle et professionnelle du manager étant renforcée, les employés auront confiance en son jugement et seront désireux de collaborer plus étroitement avec lui.

La prise de décision efficace est importante pour le développement d'un jugement sûr. Les gestionnaires doivent faire preuve d'un jugement sûr dans chaque décision qu'ils prennent. Au début, les gestionnaires peuvent avoir besoin de passer en revue à plusieurs reprises une liste de contrôle des éléments importants jusqu'à ce qu'ils deviennent une seconde nature.

Pour développer un jugement sûr, le gestionnaire doit considérer tous les aspects d'un problème ou d'une question et analyser toutes les options avant de prendre une décision finale.

En règle générale, un bon jugement comprend les éléments suivants :

Jugements fondés sur des faits Tous les jugements judicieux sont fondés sur des faits. Bien que cela puisse sembler évident, il est trop facile de juger sur la base de croyances personnelles, d'hypothèses et de préjugés.

Avant de prendre une décision, les gestionnaires doivent déterminer la réalité de la question et éliminer toutes les opinions, suppositions et préjugés. Dans la mesure du possible, il faut conserver une documentation complète des faits.

Objectif.

Un jugement approprié est fondé sur une évaluation objective des faits. Les gestionnaires doivent faire preuve de prudence pour s'assurer que leur objectivité n'est pas affectée par leurs émotions, leurs suppositions, leurs attentes, leurs opinions et leurs préjugés personnels. Dans la mesure du possible, les gestionnaires doivent prendre du recul par rapport au problème réel afin d'acquérir une vision objective des solutions possibles.

Justes et équitables.

Les gestionnaires doivent faire preuve d'un jugement sûr en pesant et en examinant soigneusement toutes les perspectives et tous les points de vue. L'un des dangers d'une prise de décision saine est de n'évaluer qu'un seul côté d'une question, réduisant ainsi l'objectivité en raison d'idées, de suppositions ou de préjugés personnels. Lorsque cela se produit, la décision est délibérément biaisée en faveur d'un aspect du problème sans tenir compte de toutes les perspectives et idées pertinentes.

Lorsque les managers prennent des décisions éthiques, ils doivent prendre en compte tous les aspects d'une question et s'assurer que leur contribution est équilibrée. Le manager peut parvenir à une conclusion juste lorsque des informations et des perspectives équilibrées sont examinées objectivement.

Lorsque les gestionnaires ont une stabilité émotionnelle.

Avant de faire des choix efficaces et judicieux, les gestionnaires doivent maîtriser leurs émotions. Ils doivent s'abstenir de prendre des décisions et de porter des jugements lorsqu'ils sont émotionnellement mal à l'aise. Lorsqu'un gestionnaire est furieux ou agressif, ses décisions seront impulsives et subjectives.

Tenir compte des intérêts de toutes les parties.

Les jugements et les décisions appropriés tiennent compte des exigences de toutes les parties concernées et touchées par ces décisions. Même lorsque des choix difficiles doivent être faits, les meilleurs intérêts de toutes les parties doivent être pris en compte. Le verdict final doit être dans le meilleur intérêt des parties.

Par exemple, si un manager est obligé de laisser partir un employé en raison de ses mauvaises performances, le choix peut être dans le meilleur intérêt du manager est fondé sur des faits. La personne a peut-être besoin d'un rappel à l'ordre ou n'a peut-être tout simplement pas les compétences requises pour réussir dans son emploi actuel, auquel cas il est temps pour elle de trouver une autre carrière.

Envisagez toutes les alternatives avec prudence.

Les gestionnaires doivent prendre des décisions éclairées en considérant toutes les possibilités qui s'offrent à eux. Lorsqu'une question ou un problème est envisagé pour la première fois, il peut sembler n'y avoir qu'un seul choix viable ; cependant, les gestionnaires qui réussissent étudient et analysent toutes les options viables avant de prendre une décision.

Une fois que les gestionnaires ont rassemblé toutes les données, perspectives, idées et options pertinentes, ils doivent consacrer suffisamment de temps à l'examen approfondi de toutes les facettes du problème ou de la question avant de conclure.

Évaluation complète des risques.

Les managers efficaces considèrent tous les risques liés à leurs décisions et jugements dans leur intégralité. Ils ne sont pas réfractaires au risque ; au contraire, ils pèsent toutes les données pertinentes et prennent des décisions en se basant sur le jugement qui comporte le moins de risque et le plus grand profit.

CHAPITRE 6
QUEL RÔLE VOS VALEURS JOUENT-ELLES DANS LA PRISE DE DÉCISION?

Les valeurs étant très subjectives, elles influencent la façon dont les gens pensent, agissent et se comportent. Par conséquent, il n'y a pas deux dirigeants qui parviennent à la même conclusion exactement de la même manière. Quel est donc l'effet des valeurs sur le processus décisionnel ? C'est le sujet que nous allons approfondir ici.

Les valeurs personnelles : Des données importantes pour la prise de décision.

Les managers consomment généralement une quantité importante de données avant de faire des choix. Je conseille aux participants aux ateliers de développement du leadership que j'anime dans tout le pays de considérer les valeurs sous cet angle - comme une donnée de plus à brancher dans leur machine à informations - même si c'est une donnée importante.

Lorsqu'elles sont considérées sous cet angle, elles sont quelque peu dépersonnalisées, mais de manière positive. Cela vous permet d'envisager vos valeurs sous l'angle de la compréhension et de la réalisation d'un objectif organisationnel plutôt que personnel, ce qui peut parfois vous faire gagner ou perdre en tant que leader. Comment/pourquoi ?

Que faire si vos valeurs sont en contradiction avec celles de votre organisation ?

Cette situation est plus fréquente que ne le croient de nombreux dirigeants, car beaucoup n'incluent pas les "valeurs" dans les données qu'ils utilisent quotidiennement pour prendre des décisions. De plus, beaucoup de gens confondent les valeurs avec les capacités et/ou les caractéristiques. Or, il s'agit de deux concepts totalement distincts.

Les valeurs et les caractéristiques ne sont pas synonymes. Vos valeurs définissent qui vous êtes. Les qualités sont les actions que vous entreprenez pour défendre vos idéaux. Par exemple, je suis digne de confiance (qualité) parce que je respecte mon intégrité personnelle ; je m'engage avec les autres (qualité) parce que j'apprécie leurs différentes perspectives. Nos valeurs ne sont pas seulement les aspects de notre apparence que nous apprécions ; elles déterminent également les attributs que les autres remarquent.

Pourquoi les valeurs d'un leader ont-elles un impact important sur une organisation ?

Parce que les valeurs représentent l'évaluation qu'une personne fait de ce qui est nécessaire, le fait de donner la priorité à ce qui est essentiel aura une incidence sur les personnes qui l'entourent. La décision de Marissa Mayer, PDG de Yahoo, de supprimer le télétravail, qui a touché environ 200 des 12 000 employés de Yahoo, en est une illustration classique.

Cette stratégie a connu un succès phénoménal, et lorsqu'elle y a mis fin, elle a rencontré une forte opposition. Dans un discours prononcé lors d'un rassemblement d'entreprises, elle a défendu sa décision en disant :

Les individus sont plus productifs lorsqu'ils travaillent seuls, mais sont plus collaboratifs et innovants lorsqu'ils travaillent en groupe. Certaines des idées les plus brillantes naissent de la combinaison de deux concepts distincts.

Selon Fortune, Marissa Mayer a également instauré d'autres changements chez Yahoo qui pourraient être considérés comme le reflet de ses principes, comme la fourniture de nourriture gratuite au personnel et la rationalisation de la politique relative aux voyages d'affaires et aux dépenses afin que "les gens puissent la comprendre", comme elle l'a déclaré.

Que vous les reconnaissiez ou non, les valeurs influencent chaque décision que vous prenez en tant que dirigeant. En décrivant explicitement - et en approuvant - votre style de leadership particulier, vous définissez le vôtre et, comme l'a dit Oscar Wilde, "Soyez (vrai aussi) vous-même, car tous les autres sont pris"?

CHAPITRE 7
LES ÉLÉMENTS FONDAMENTAUX DE LA PRISE DE DÉCISION INTELLIGENTE.

La prise de décision est un processus cognitif qui aboutit au choix d'un mode d'action parmi un ensemble de modes d'action différents. Chaque processus de prise de décision aboutit à une sélection finale, qu'il s'agisse d'une action ou d'une opinion.

Lorsqu'une action doit être entreprise, mais que l'on ne sait pas trop quoi faire ou par où commencer, le processus de prise de décision commence. Le raisonnement peut être raisonnable ou irrationnel, la plupart des décisions étant prises sur la base d'hypothèses explicites ou implicites.

Le premier élément de base : Appliquer les principes de prise de décision.

L'utilisation appropriée des concepts clés de la prise de décision fera souvent la différence entre une action efficace et une action inefficace. Ces principes permettent de garantir que toutes les personnes concernées restent concentrées sur leurs responsabilités professionnelles et sur l'objectif global de l'entreprise.

Lorsqu'il s'agit de prendre des décisions efficaces, accorder une grande attention à l'univers organisationnel n'est pas une option mais une exigence. Lorsqu'elles sont appliquées au contexte plus large des opérations liées à l'entreprise, les caractéristiques qui contribuent à un jugement sain peuvent être directement traduites en avantages réels. Chaque choix effectué doit être considéré comme une expérience d'apprentissage, qu'il s'avère ou non prudent.

Comment fait-on un choix judicieux ?

Le maintien de la connaissance de la fonction fondamentale de son organisation permet une planification et des processus délibérés d'objectifs décisionnels, qui tendent à justifier la voie future de l'entreprise.

Lorsqu'une décision doit être prise, il existe dix étapes fondamentales à franchir. Il s'agit des étapes suivantes:

- Déterminez l'objectif de la décision.
- Quelle est la nature précise du problème en question, et pourquoi doit-il être résolu ?
- Recueillir des données. Quels sont les éléments qui jouent un rôle dans la question ?
- Déterminez les concepts qui seront utilisés pour évaluer les choix. La solution doit répondre à quelles exigences et à quels critères d'évaluation?
- Faites un brainstorming et dressez une liste exhaustive de toutes les options envisageables.
- Produisez le plus grand nombre possible de solutions plausibles.

- Évaluez chaque option en fonction de ses effets, en pesant les avantages et les inconvénients de chaque possibilité à l'aide de normes et de critères d'évaluation préétablis.
- Choisir la meilleure solution. Cette étape est nettement plus facile si les étapes précédentes ont été réalisées.
- Convertir la décision en une action ou une séquence d'actions spécifiques.
- Exécuter le plan avec soin.

Évaluez le résultat de la décision et les mesures à prendre par la suite. Il s'agit d'une étape importante pour améliorer ses capacités de décision et son jugement. Il est essentiel de documenter les leçons apprises au cours de ce processus.

Le deuxième élément de base : Établir une hiérarchie des objectifs.

Le processus commence par la définition de l'objectif de l'effort de prise de décision : Quel est le problème, et pourquoi doit-il être résolu ?

Pour ce faire, il est nécessaire de construire, d'enregistrer et d'afficher une hiérarchie d'objectifs à l'aide d'une liste de type outline. (Il existe également des solutions logicielles permettant aux personnes ou aux groupes de générer des organigrammes qui produisent efficacement des diagrammes de hiérarchie des objectifs visuellement attrayants).

Il est crucial de collecter autant d'informations que possible lors de la création d'une hiérarchie d'objectifs afin de déterminer les composants à l'origine du problème. Aux niveaux supérieurs, les objectifs devraient découler du "Pourquoi ?" vers le "Comment ?" aux niveaux inférieurs.

Alors que les objectifs de niveau supérieur sont souvent vastes, complets, voire ambigus, les objectifs de niveau inférieur sont plus particuliers, liés à des qualités ou attributs réels ou effectifs de l'organisation et du lieu de travail. La hiérarchie des objectifs doit être inclusive, couvrant un éventail de perspectives des parties prenantes, et doit éviter de porter des jugements de valeur sur un objectif plutôt qu'un autre.

Troisième élément constitutif : Créer des alternatives.

Une hiérarchie des objectifs doit avoir été définie et examinée lors de l'élaboration des alternatives. Il est important d'identifier les activités qui affecteraient chaque objectif ou ensemble d'objectifs au sein de la hiérarchie. Certaines d'entre elles peuvent être étiquetées pour une action spéciale ou être classées comme étant axées sur les activités avec suffisamment de détails.

Le processus d'élaboration d'alternatives comporte souvent deux phases : l'établissement des principes selon lesquels les alternatives seront jugées - c'est-à-dire les normes auxquelles les solutions doivent répondre - et le brainstorming ou l'établissement d'une liste de réponses potentielles réelles.

Identification des alternatives en neuf étapes faciles :

Les individus identifient les actions qui auraient l'effet escompté pour chaque objectif ou ensemble d'objectifs de la hiérarchie.

Les relations de cause à effet entre les variables indiquées sont discutées.

Comment l'une de ces voies peut-elle bénéficier d'interventions bénéfiques ?

Chaque objectif est défini avec deux ou plusieurs solutions possibles. Il peut s'agir de types d'activités distincts, de niveaux, de techniques ou d'approches distincts pour un seul type d'activité ou d'ajustements à des activités connexes actuelles. Si une action a déjà été proposée, les activités qui la composent sont spécifiées en fonction des critères mesurés des objectifs.

Les alternatives sont des sous-catégories d'actes spécifiques. S'il existe des objectifs contradictoires (reflétant éventuellement des valeurs divergentes des parties prenantes), des objectifs alternatifs peuvent être formés. En d'autres termes, chaque alternative recherche un équilibre différent entre les objectifs.

D'autre part, le même équilibre des objectifs peut être atteint par d'autres actions.

Si l'analyse d'impact impose de réviser les alternatives, il est préférable de commencer par les plus petits changements. Il convient de procéder à un examen approfondi de la hiérarchie des objectifs et du processus décisionnel afin de déterminer si des problèmes résultent d'un raisonnement erroné.

Gardez un esprit ouvert, sans idées préconçues sur ce qui constitue le "meilleur choix", en limitant toutes les solutions possibles.

Pour chaque possibilité, il faut préciser comment, où, quoi et quand les activités auront lieu. Il est important de formuler dès le départ des hypothèses explicites et détaillées sur chaque action modélisée afin d'éviter toute confusion lors de l'intégration de ces informations dans un modèle décisionnel structuré.

Le cas échéant, les résultats sont documentés et les activités sont reportées sur une carte décisionnelle.

Quatrième élément : Évaluer chaque option.

Vous devez être aussi précis que possible quant à la manière, au lieu, à la nature et au moment des activités de chaque possibilité. Une analyse des effets peut suggérer de modifier les options ou d'en créer de nouvelles. Il est également prudent de revenir à l'étape initiale du processus.

Il est essentiel d'appliquer des normes et des critères de jugement (un ensemble d'indicateurs) tout en examinant les avantages et les inconvénients de chaque option. Après avoir déterminé l'alternative optimale, on procède à un examen du processus de l'option choisie.

Il est important de s'assurer qu'une activité ou un ensemble d'actions est dirigé explicitement vers l'accomplissement des objectifs identifiés au cours de cette étape de prise de décision et de planification.

Des informations supplémentaires peuvent émerger au cours de l'étape d'examen ou d'aperçu, qui peuvent être ajoutées à des étapes d'action spécifiques ou regroupées dans un ensemble distinct d'alternatives.

CHAPITRE 8
LA PRISE DE DÉCISIONS COMME LIEN ENTRE L'ÉCHEC ET LE SUCCÈS.

Un élément important du développement des capacités de prise de décision est de se familiariser avec des procédures de prise de décision efficaces et de les mettre en pratique. Aussi, permettez-moi de partager avec vous quelques étapes simples de prise de décision :

1) Établir des priorités : Toutes les questions qui doivent être tranchées n'ont pas la même importance. Comme pour la gestion du temps, nous établissons des priorités et évaluons l'importance de nos décisions. Au moins, en établissant des priorités, nous irons dans la bonne direction. S'il s'avère que c'est la mauvaise direction, nous pouvons toujours changer de cap.

2) Établir un calendrier : La prise de décision est une réaction viscérale. Aussi, il est préférable d'aller plus vite. Plutôt que d'être correct à 100 % et en dernier, efforcez-vous d'être correct à 80 % en premier. En établissant un calendrier, nous comprenons la date limite pour prendre des décisions.

3) Compilez et examinez les faits actuels, froids et durs : Rassemblez autant de faits que possible sans vous laisser submerger. Triez-les. En fonction de la priorité, nous pouvons soit attendre que tout soit parfait et disposer de toutes les connaissances, soit utiliser notre jugement.

4) Créez un scénario qui dépeint le résultat escompté : À quoi aspirons-nous ? Si nous ne l'avons pas envisagé, comment saurons-nous si nous l'obtenons ?

5) Peser les avantages et les inconvénients d'aller là où nous voulons aller : Il y aura des concessions et des compromis. Pesez les avantages et les inconvénients.

6) Considérez les répercussions pour toutes les parties : Qui est touché ? Reconnaissez l'influence de nos actions sur les personnes concernées.

7) Garder les émotions à l'écart : Dans la mesure du possible, évitez de laisser nos émotions influencer nos décisions.

8) Appliquer notre intelligence, notre courage et notre instinct pour prendre une décision : La procrastination au nom de la réduction des risques augmente les risques. Nous sommes susceptibles de suivre notre instinct, mais nous avons au moins exploré la méthode analytique. Si la méthode analytique diffère de notre intuition, nous devrions nous arrêter et nous demander pourquoi.

9) Mettez la décision en action : Convertissez notre décision en un plan d'action détaillé. Exécutez notre stratégie.

10) Évaluer le résultat de notre choix et de nos actions ultérieures : Quelles sont les leçons à tirer ? Il

s'agit d'une étape importante pour affiner nos capacités de décision et notre jugement.

Souvent, la prise de décision n'est pas aussi simple que nous le croyons, et elle peut être difficile en cas de désaccord ou de mécontentement. La difficulté consiste à choisir une option dans laquelle les avantages potentiels l'emportent sur les coûts potentiels.

Éviter les décisions semble souvent être la solution la plus facile. Cependant, il est important de se rappeler que faire ses propres choix et en accepter les conséquences est le moyen de garder le contrôle de sa vie, de son entreprise et de ses réalisations.

CHAPITRE 9
LES ÉTAPES D'UNE MEILLEURE PRISE DE DÉCISION.

Les managers et les dirigeants sont souvent confrontés à des choix difficiles. Certains d'entre eux seront simples, tandis que d'autres seront plus difficiles. Alors, quelles sont les six mesures que vous pouvez prendre pour améliorer votre efficacité en matière de prise de décision ?

Étape 1 : Définissez votre objectif de manière succincte.

Chaque fois que vous êtes confronté à une décision, réfléchissez au but ou à la conséquence que vous souhaitez atteindre grâce à cette décision. Une fois que vous avez une idée claire de l'objectif ou du résultat, le reste du processus de choix devient beaucoup plus facile. Commencez avec l'objectif en tête, comme le dit l'adage.

Étape 2 : Compilez les données pertinentes.

Il y aura des moments où l'information sera abondante et d'autres où elle sera rare. Chaque fois que vous êtes confronté à un choix, réfléchissez au type de connaissances qui vous aideront à faire un choix. À partir de là, établissez une compréhension claire des informations importantes et recherchez-les.

Étape 3 : Développez des alternatives.

Avec toute sélection, une variété de possibilités sera offerte. Dans un premier temps, réfléchissez à ces alternatives sans les évaluer. Considérez le scénario suivant : l'un de vos objectifs est d'améliorer vos capacités de prise de décision.

Au cours de votre première séance de remue-méninges, vous pouvez proposer des suggestions telles que la lecture d'un livre, la participation à une télé-classe, la lecture de blogs sur Internet ou la participation à un atelier ou à un cours de formation.

Étape 4 : Examinez vos options et faites un choix.

Chaque choix que vous ferez présentera des avantages et des inconvénients. Prenez le temps d'évaluer chacune de vos possibilités et de décider de ce qui semble être la meilleure solution dans ce cas.

Étape 5 : Mettez votre décision en action.

La mise en œuvre est l'étape à laquelle vous passez de l'analyse à l'action. Lorsque vous passez à l'action, vous commencez à voir des résultats ; assurez-vous donc de passer à l'action.

Étape 6 : Continuez à surveiller et à adapter.

La dernière étape consiste à comparer les résultats réels à vos attentes. Il se peut que les choses se passent comme prévu, mais vous pouvez vous adapter et apporter des changements si nécessaire.

Aucune approche unique ne garantit le succès d'une prise de décision. En revanche, vous pouvez jeter les bases d'une prise de décision plus efficace en adoptant une approche systématique et en agissant.

CHAPITRE 10
ENGAGER UN COACH DE VIE POUR VOUS AIDER À AMÉLIORER VOS PROCESSUS DE DÉCISION EN MATIÈRE DE GESTION.

Un homme sage a déclaré un jour qu'un retardataire confronté au bureau n'est rien d'autre qu'un hasard habillé en tenue de travail. C'est un point utile à rappeler lorsqu'on est confronté à un problème compliqué qui n'a pas de solution immédiate. Si certaines personnes sont nées pour résoudre des problèmes, d'autres ont appris à développer de précieuses compétences en matière de prise de décision.

Dans un cas comme dans l'autre, il est important pour la capacité de tout gestionnaire opérationnel de performer et de faire progresser son unité commerciale. L'objectif premier de la plupart des fonctions de gestion, quel que soit le secteur, est de résoudre un problème quelconque ; vous travaillez à résoudre le problème d'un client, à résoudre un problème au sein de votre organisation ou à rechercher la prochaine grande percée marketing.

La plupart des managers sont bien conscients qu'ils doivent surmonter leurs préoccupations personnelles et leur bagage émotionnel pour surmonter pleinement les problèmes sur le lieu de travail.

Un coach de vie vous dira que vous devez d'abord réussir dans votre esprit avant de pouvoir atteindre votre objectif de gestion. Les femmes managers sont plus aptes à solliciter l'aide de mentors, d'amis et de partenaires. En cas de lourd bagage émotionnel, la thérapie du coach de vie est également une option souhaitable.

En revanche, les managers masculins font rarement appel à des facilitateurs par crainte d'être stigmatisés par la société. Ainsi, le conseil en ligne peut être une option viable pour les hommes d'affaires qui manquent de temps pour rencontrer des difficultés mais qui ne sont pas à l'aise pour demander ouvertement l'aide d'un professionnel.

Les problèmes que vous rencontrez au travail peuvent varier en complexité ; ils peuvent paraître compliqués, simples ou créer de nouveaux problèmes conflictuels. Cependant, il est de votre responsabilité de chercher une solution.

En tant que personne qui va enfin s'attaquer aux problèmes du lieu de travail, vous êtes à la fois dans une position de pouvoir et de péril. On acquiert souvent de la confiance en comprenant le processus par lequel les problèmes sont résolus.

En suivant la bonne procédure de prise de décision, vous serez en mesure d'aborder et de résoudre chaque problème efficacement et rapidement. Le fait qu'un coach de vie compétent vous guide dans la bonne direction vous permet d'apprendre à gérer les défis professionnels complexes.

Un coach de vie n'est pas uniquement destiné aux problèmes professionnels ; il peut vous aider dans tous les éléments de votre fonction de gestion, y compris les obstacles interpersonnels, les conflits et la motivation. Un fournisseur de conseils en ligne compétent qui peut vous fournir le soutien d'un coach de vie peut être un outil de gestion logique nécessaire à avoir.

Un bon coach de vie vous dira qu'un processus efficace de résolution de problèmes se compose de quatre éléments principaux :

Pour commencer, établir et exposer le sujet à traiter.

2. Compiler une liste de solutions possibles au problème. Cela peut nécessiter de nombreuses heures de conseil en ligne, car vous voulez discuter de nombreuses stratégies pour traiter les causes

profondes des problèmes, et pas seulement les symptômes.

3. Évaluez l'efficacité et la viabilité de chaque solution. Examinez les avantages et les inconvénients de chaque possibilité ; commencez par éliminer les moins prometteuses et concentrez-vous sur celle qui a le potentiel de vous être bénéfique.

4. Appliquez votre solution et évaluez si les résultats répondent à vos attentes en effectuant des mesures de suivi.

Ces étapes ne sont pas aussi simples en réalité qu'elles le paraissent dans les lignes qui précèdent ; mais, en les suivant dans l'ordre approprié, vous augmentez vos chances de résoudre les problèmes de travail de la manière la plus efficace possible. Avec les conseils d'un coach de vie efficace et très compétent, vous serez en mesure de réaliser ces phases plus rapidement et plus efficacement.

CONCLUSION.

La prise de décisions est au cœur de toutes les activités de gestion et de commerce. L'amélioration des capacités de prise de décision et de résolution de problèmes en matière de gestion peut considérablement accroître la rentabilité et les objectifs. Cependant, les recherches indiquent que les entrepreneurs et les managers atteignent rarement une précision supérieure à 50 % dans la prise de décision et la résolution de problèmes.

La prise de décision est l'un des aspects les plus difficiles du leadership dans l'environnement commercial dynamique d'aujourd'hui. De nombreuses mauvaises décisions sont prises simplement parce que les dirigeants prennent leurs décisions à la hâte, en se fiant à leurs émotions, à des connaissances incomplètes ou à leurs impulsions. En effet, la capacité à prendre des décisions permet de distinguer un leader médiocre d'un leader compétent.

En tant qu'entrepreneur ou manager, il y a des moments où nous croyons savoir tout ce qu'il y a à savoir. Parfois, nous ne connaissons qu'une partie de l'histoire, et parfois, nous ne savons rien - mais nous devons quand même décider !

Nous sommes constamment confrontés à des difficultés et à des possibilités. Cela implique que nous devions prendre des décisions. Faire des choix implique de prendre des décisions. Malheureusement, la prise de décision n'est pas toujours simple, sauf si nous développons la capacité de le faire avec un outil de confiance.

Pendant les réunions, nous sommes continuellement sous pression pour prendre des décisions. Malheureusement, lorsque le temps consacré à la découverte et à la création de solutions aux problèmes est insuffisant, la qualité de la prise de décision en pâtit.

La majorité d'entre nous utilise des critères de choix de manière ad hoc, sans s'appuyer sur des outils décisionnels spécifiques. La mise en place d'outils de décision appropriés augmentera l'efficacité globale des décisions prises lors des réunions. Développer la capacité à utiliser les outils appropriés est l'approche la plus sûre pour faire des jugements judicieux.

Une prise de décision efficace nécessite une réflexion approfondie, et la réflexion est la ressource humaine par excellence. La confusion est le principal obstacle à la réflexion. Nous sommes entourés d'émotions, d'informations, de raisonnements, d'espoir et de créativité. Nous essayons d'accomplir trop de choses à la fois. C'est comme jongler avec un nombre excessif de balles.

Nous pouvons avoir d'excellents plans, qui ont été étudiés et réfléchis en profondeur, mais si nous ne les mettons pas en œuvre, ils ne serviront à rien d'autre qu'à nous rappeler malheureusement le temps perdu, les occasions manquées et les ambitions non réalisées.

Ainsi, une décision judicieuse n'est jamais le fruit du hasard ; elle est toujours le résultat d'une intention véritable, d'un effort sincère, d'une orientation intellectuelle et d'une mise en œuvre compétente et reflète une sélection prudente parmi de nombreux choix.

Merci de votre lecture.

Compétences de gestion pour les gestionnaires.

1.   Gestion du temps pour les managers

2.   Coaching des employés pour les managers

3.   Développement de l'esprit d'équipe pour les managers

4.   Confiance en soi pour les managers

5.   Techniques de négociation pour les managers

6.   Compétences en matière de service à la clientèle pour les managers

7.   L'affirmation de soi pour les managers

8.   Étiquette commerciale pour les managers

9.   Aptitude à l'écoute pour les managers

10.   Compétences en leadership pour les managers

11.   Compétences en communication pour les managers

12.   Techniques de présentation pour les managers

13.   Gestion du stress pour les managers

14.   Prise de décision pour les managers

15.   Gestion des conflits pour les managers.

Biographie de l'auteur

D.K. Hawkins. D.K. aime lire des livres sur les affaires personnelles ainsi que passer du temps à l'extérieur. D'autres livres viendront s'ajouter à cette collection, alors suivez-nous sur Amazon pour en savoir plus.

Merci d'avoir acheté ce livre.

Je vous en remercie sincèrement et je vous apprécie, vous, mon excellent client.

Que Dieu vous bénisse.

D.K. Hawkins.

Made in the USA
Monee, IL
30 January 2022

90314123R00048